Caminos del jaguar

Video Activities Manual

Joy Renjilian-Burgy

Wellesley College

Ana Beatriz Chiquito

Massachusetts Institute of Technology
University of Bergen, Norway

Susan M. Mraz

Tufts University

HOUGHTON MIFFLIN COMPANY

Boston   New York

Director, Modern Language Programs: **E. Kristina Baer**

Development Manager: **Beth Kramer**

Development Editor: **Kristin Swanson**

Editorial Assistant: **Lydia Mehegan**

Project Editor: **Harriet C. Dishman**

Senior Manufacturing Coordinator: **Priscilla J. Bailey**

Marketing Manager: **Patricia Fossi**

Cover Design: **Minko T. Dimov, MinkoImages**

Printed in the U.S.A.

ISBN: 0-395-93635-7

23456789-DW-03 02 01

Contents

GUIDE TO CAMINOS DEL JAGUAR

Familiarize yourself with some of the characters who provide drama and suspense in the *Caminos del jaguar* video that accompanies your textbook *Caminos*. Use this to guide your international journey in pursuit of the missing Jaguar Twins.

The Jaguar Twins (Los héroes gemelos)

Yax-Balam (YASH-BA-LAM) and Hun-Ahau (U-NA-HOW) are classical mythical twin figures from Mayan lore who symbolize the triumph of good over evil. They have legendary powers affecting the fate of their nation. They are the focal point for this exciting mystery.

Nayeli Paz Ocotlán

Born of a Mexican mother and a Spanish father, Nayeli was raised in New York City and studied at the Universidad Nacional Autónoma de México (UNAM). She is now a well-known professor of archeology at the Universidad de Puebla, where she is dedicated to locating and preserving missing Mexican artifacts. She is an expert on the story of the Jaguar Twins and has recently published the book *Los héroes gemelos de Xibalbá*. Hernán, her husband, died in the Mexican earthquake of 1985. Nayeli feels responsible for his death.

Doña Gafasnegras

Doña Gafasoscuras is another one of her nicknames, but her real name is Mariluz Gorrostiaga Hinojosa. Born and raised in Mexico City, she was one of Nayeli's first students in Puebla and has always been jealous of her.

Adriana Reyes Tepole

Born in San Antonio, Adriana Reyes Tepole grew up in Guayaquil, Ecuador, where her father worked in a United Nations project. When she was twelve, the family then returned to Texas, the birthplace of her father. Her mother is from Puebla, Mexico. Adriana recently studied at the Universidad de Puebla and lived with her maternal grandparents. Currently a graduate student in archeology at the University of Texas at San Antonio, she won a summer fellowship to go on an excavation with Nayeli.

Felipe Luna Velilla

For many years, Felipe lived with his Venezuelan father in Caracas before returning to Miami to live with his Cuban mother and stepfather. He did his undergraduate studies in archeology at the University of Miami and is doing graduate work at the University of Texas at San Antonio. He also has been awarded a summer fellowship to go on a dig with Nayeli.

La abuelita (Grandmother)

Nayeli's grandmother lived in Puebla all her life and Nayeli was her favorite grandchild. She has passed away but visits Nayeli through her vivid dreams. Nayeli adored her grandmother and dreams of her often.

Mysterious Ring-fingered Man

Friend or foe? You decide.

Doña Carmen Quesada Araya

Doña Carmen, an art collector, lives on a ranch outside of San José, Costa Rica. Nayeli is her godchild, and has been very close to her for years. Nayeli's mother and doña Carmen were art history majors and best friends in college. After Nayeli's mother died, doña Carmen funded Nayeli's college studies.

Armando de Landa Chávez

Armando is a Mexican entrepreneur who helps to fund Adriana and Felipe's summer travels.

Me llamo
Adriana Reyes Tepole.
Soy de San Antonio.
Soy mexicanoamericana.

Me llamo
Nayeli Paz Ocotlán.
Soy de Nueva York.
Soy estadounidense.

Me llamo
Luis Ortiz López.
Soy de Puerto Rico.
Soy puertorriqueño.

Me llamo Mariluz
Gorrostiaga Hinojosa.
Soy de México.
Soy mexicana.

ESPAÑA
Madrid
Sevilla

ESTADOS UNIDOS
San Antonio, Texas
New York City
Miami, Florida
MÉXICO
México D.F.
San Juan PUERTO RICO
Puebla
COSTA RICA
San José
Otavalo
Quito
ECUADOR

Me llamo
Gerardo Covarrubias.
Soy de España.
Soy español.

Me llamo Carmen Quesada Araya.
Soy de Costa Rica.
Soy costarricense.

Me llamo
Zulaya Piscomayo Curihual.
Soy de Ecuador.
Soy ecuatoriana.

Me llamo
Felipe Luna Velilla.
Soy de Miami.
Soy cubanoamericano.

CAMINOS DEL JAGUAR

CAPÍTULO 1

¿Arqueóloga o criminal?

ETAPA A

I. Preparémonos

1 Anticipación. Answer these questions in pairs.

1. Describe your university campus or the place where you are studying.
2. Which faculty members do you visit during office hours? What furniture, objects, posters do they have in their offices? What kind of computer?
3. What kinds of newspaper articles does your city/university publish? Are they available on the Internet?

Para comprender mejor			
el cuchillo	*knife*	el pelo castaño	*brown hair*
Di que sí.	*Say yes.*	el sueño	*dream*

2 Secuencia. In pairs, number the video action shots in the order in which you think the action will occur in the video you will watch.

1.

2.

3.

4.

II. Miremos y escuchemos

3 **Colores.** What color clothing are the characters wearing in the video? While watching the video, place a checkmark next to the colors they are wearing.

	Nayeli	Adriana	Felipe	Doña Gafasoscuras
amarillo				
anaranjado				
azul				
blanco				
gris				
café, marrón				
morado				
negro				
rojo				
rosado				
verde				

III. Comentemos

4 **Asociación.** Working in groups, match each character with an associated item or items: 1) Nayeli; 2) Felipe; 3) Adriana; 4) Doña Gafasoscuras.

el fútbol ___

la rosa ___

el libro ___

la foto ___

la universidad ___

la mochila ___

las gafas oscuras ___

la nota ___

la computadora ___

el maletín ___

los ojos cafés ___

5 **Frases.** Working in groups, indicate who says the following.

1. "Tengo que hablar con Felipe Luna."
2. "Mi sueño es ser arqueóloga."
3. "Qué organizada eres, Adriana, qué organizada eres."
4. "Arqueóloga... ¡Ja!"

I. Preparémonos

1 **Anticipación.** Answer these questions in pairs.

1. ¿Qué materia es tu pasión?
2. ¿Eres optimista o pesimista?
3. ¿Qué pasatiempos te gustan? (dar un paseo, jugar al fútbol, estar con amigos y amigas, alquilar videos, etc.)
4. ¿Te gusta la aventura?

Para comprender mejor			
el gemelo	*twin*	nadie	*nobody*
la leyenda	*legend*	se trata de	*it is about*

2 **Secuencia.** In pairs, number the video action shots in the order in which you think the action will occur in the video you will watch.

1.

2.

3.

4.

II. Miremos y escuchemos

3 **¿Cómo son?** While watching the video, check off the words that are used to describe these characters.

	Adriana	Felipe	ambos (*both*)
agradable			
exagerado/a			
fascinante			
inteligente			
optimista			
profesional			
romántico/a			
simpático/a			
trabajador/a			

III. Comentemos

	Nayeli	Adriana	Felipe
Miami			
San Antonio			
Nueva York			

4 **¿Quién?** Check off where each character is from originally.

5 **Frases.** Working in groups, indicate who says the following.

1. "Pero te vas a México, tres meses con Felipe 'Futbolista' Luna, y yo aquí con mis libros."
2. "Adriana es muy agradable, ...muy simpática."
3. "Sí, la arqueología es fascinante."
4. "Eres optimista, Arturo. Esta chica sólo vive para trabajar..."
5. "Y tú, mi amigo, eres un romántico incurable..."
6. "Voy a México a aprender, a investigar, a trabajar. No voy para empezar un romance sin importancia."
7. "¿Pasatiempos? Yo paso el tiempo estudiando."
8. "El libro de Nayeli. Acaba de salir: 'Los héroes gemelos de Xibalbá.'"
9. "Estoy listo para la aventura de mi vida."
10. "Tú y yo, como los héroes gemelos, vamos a triunfar sobre los malos."

6 **Miremos otra vez.** After watching the scene again, check to see if you have ordered the video action shots in the appropriate sequence.

CAPÍTULO 2

¿Dónde está Nayeli?

I. Preparémonos

1 Anticipación. Answer these questions in pairs.

1. ¿A quiénes escribes notas? ¿Escribes en la computadora o escribes a mano?
2. ¿Qué bebes tú por la mañana, café o té?
3. ¿Cómo se llama tu profesor/a favorito/a? ¿Cómo es? ¿Qué enseña?
4. ¿Te gusta la televisión? ¿Miras las noticias? ¿Son buenas o malas?

Para comprender mejor			
el periódico	newspaper	buscar	to look for
la prensa	press (news)	preocupado/a	worried
encontrar	to find	raro/a, extraño/a	strange
escribir a mano	to write by hand	(no) (lo) sé	I do (not) know
el detective	detective	siento	I regret
la noticia	news	¡Qué mala suerte!	What bad luck!

2 Secuencia. In pairs, number the video action shots in the order in which you think the action will occur in the video you will watch.

1.

2.

3.

4.

II. Miremos y escuchemos

3 Palabras importantes. Circle the items you hear and see in this segment.

periódico	nota	taxi
computadora	café	plantas
flores	flores	universidad
fútbol	camión	televisión
jaguar	autobús	bolsa

III. Comentemos

4 Frases. Working in groups, indicate who says the following.

1. "Yo también busco a Nayeli. Soy un colega de ella."
2. "¿Qué quieren ustedes? ¿Son de la prensa?"
3. "Nayeli es mi profesora. Le ruego, por favor, quiero ayudarla."
4. "Veo la televisión. Sé lo que está pasando."
5. "Nayeli Paz Ocotlán es nuestra criminal. ¡Tenemos que encontrarla!"

5 Opinión. Answer these questions in groups.

1. ¿Cómo se llama la universidad?
2. ¿Quiénes llegan a la universidad?
3. ¿Cómo se llama el señor?
4. ¿De quién es la foto en el periódico?
5. ¿Cómo se llama la señora que está en la casa de Nayeli?
6. ¿Cómo es el jaguar? ¿grande, pequeño?

6 Miremos otra vez. After watching the scene again, check to see if you have ordered the video action shots in the appropriate sequence.

I. Preparémonos

1 **Anticipación.** Answer these questions in pairs.

1. ¿Qué tipo de códices hay en tu país? ¿Tienen números? ¿letras? ¿arte?
2. Cuando tú viajas, ¿te gusta viajar en autobús, en tren o en avión?
3. ¿Tienes computadora en tu cuarto? ¿Es grande o pequeña? ¿De qué color es?
4. ¿Tienes un/a buen/a amigo/a en la universidad? ¿Quién es?

Para comprender mejor

a solas	*alone*	la tarjeta de	*credit card*
el avión	*plane*	crédito	
la ciudad	*city*	el vuelo	*flight*
el códice	*codex, ancient manuscript*	ayudar	*to help*
		el dinero	*money*
confiar	*to confide in*	el jeroglífico	*glyph*
estar en peligro	*to be in danger*	el presentimiento	*premonition*
el lugar	*place*	el/la reportero/a	*reporter*
el pájaro	*bird*	en efectivo	*cash*

2 **Secuencia.** In pairs, number the video action shots in the order in which you think the action will occur in the video you will watch.

1.

2.

3.

4.

II. Miremos y escuchemos

3 **¿Verdadero o falso?** While you are watching the video, put a checkmark next to the phrases that are true.

1. _____ Adriana estudia el jeroglífico.
2. _____ Armando escucha la conversación de Adriana y Felipe.
3. _____ Felipe y Adriana tienen mucho dinero.
4. _____ Armando es amigo de Esperanza.
5. _____ La nota es para Adriana.
6. _____ Nayeli llama a Armando por teléfono.
7. _____ Una reportera habla de Nayeli en la televisión.

III. Comentemos

4 **Frases.** Working in groups, indicate who says the following.

1. "Cuatro códices, en cuatro ciudades: Dresden, París, Madrid, Distrito Federal."
2. "¡Madrid! ¡Nayeli está en Madrid!"
3. "Los boletos aéreos, una tarjeta de crédito, un poco de efectivo, una computadora para facilitar la comunicación."
4. "Aquí está la nota para el señor Raúl Guzmán."
5. "Oye, ¿qué tiempo hace en junio en Madrid?"
6. "Todo está bajo control."
7. "Si los gemelos no están juntos, no tendremos paz ni armonía económica en México."

5 **Opinión.** Answer these questions in groups.

1. ¿Cómo están Adriana y Felipe? ¿Contentos o preocupados? ¿Por qué?
2. ¿Qué revela el códice a Adriana sobre dónde está Nayeli?
3. ¿Qué les ofrece Armando a Adriana y Felipe? En tu opinión ¿es bueno o malo Armando?
4. Armando habla con una señora por teléfono. ¿Cómo es ella? ¿Es buena o mala?
5. ¿Qué mira Armando? ¿Qué aprende?

6 **Miremos otra vez.** After watching the scene again, check to see if you have ordered the video action shots in the appropriate sequence.

CAPÍTULO 3

¿Qué revela el sueño de la abuela?

ETAPA A

I. Preparémonos

1 Anticipación. Answer these questions in pairs.

1. ¿Cuál es el medio de transporte más popular en tu ciudad: el metro, el autobús o los autos?
2. ¿Vas a la escuela a pie o en transporte público?
3. ¿Te gustan los hoteles grandes o pequeños? ¿Por qué?
4. ¿Tienes agenda? ¿De qué color es? ¿Qué escribes en tu agenda?
5. ¿Usas el teléfono mucho? ¿A quién llamas? ¿Por cuántos minutos hablas y de qué?

Para comprender mejor

cálmate	relax, calm down	la naturaleza	nature
desde aquí	from here	No es culpa tuya.	It's not your fault.
la dirección	address		
está bien, está bien	O.K., O.K.	No seas así, cariño.	Don't be like that, love.
el lío	trouble	Parece que...	It seems that...
luego	then	por supuesto	of course
el/la huésped	guest	querido/a	dear
la buena suerte	good luck	el chofer	driver
mejor	better	el sueño	dream
la muerte	death	el terremoto	earthquake

2 Secuencia. In pairs, number the video action shots in the order in which you think the action will occur in the video you will watch.

1.

2.

II. Miremos y escuchemos

3 **¿Quién/es?** While watching and hearing this episode, check off the emotions or conditions associated with these characters.

	Portero	Nayeli	Adriana	Felipe	Empleado
1. Tiene miedo.					
2. Está preocupado/a.					
3. Está alterado/a.					
4. Está calmado/a.					
5. Tiene hambre.					
6. Está en peligro.					
7. Tiene mala suerte.					
8. Está frustrado/a.					

III. Comentemos

4 **Frases.** In groups, tell to whom these characters speak and where.

El personaje	La frase	¿A quién habla y dónde?
Adriana	"¿Por qué no nos traes dos entremeses, los más populares de la casa? Y también un gazpacho para mí."	al camarero; en el café
Empleado de la compañía de transportes	"Mire, señorita, yo estoy perfectamente calmado. Es usted y su amiga, la profesora, quienes están alteradas."	
Adriana	"Esta situación es muy seria. No hay tiempo para las reglas."	
Empleado de la compañía de transportes	"¡Dos clientes impertinentes en un solo día!"	
Felipe	"Tengo la información que necesitamos."	
el portero	"¡Qué horror! Voy a llamar a la policía."	
Felipe	"Nayeli está en mucho peligro, eso sí que está claro."	

5 **Comprensión.** Answer these questions in groups.

1. ¿Qué comen Adriana y Felipe en el café? ¿Qué bebe Adriana?
2. ¿Adónde van los dos después de comer allí?
3. ¿Cómo es el empleado de la compañía de transportes?
4. ¿Qué le muestra Adriana al empleado de la compañía de transportes?
5. ¿Por qué está alterada Adriana con el empleado?
6. ¿Cómo reacciona Felipe? ¿Cómo consigue la información que él y Adriana necesitan?
7. ¿Cómo encuentra Nayeli su habitación en el hotel, ordenada o desordenada?
8. ¿De qué color es la rosa que recibe Nayeli?

CAPÍTULO 4

¿Está en peligro el jaguar?

I. Preparémonos

1 Anticipación. Working in pairs, answer these questions.

1. ¿Cómo es la estación de tren o de autobuses que está más cerca de tu escuela?
2. ¿Cuántas personas usan esa estación en una semana? ¿La usas tú? ¿Por qué sí? ¿Por qué no?
3. ¿Qué objeto de arte valioso admiras mucho? ¿Cómo es? ¿Dónde está?
4. ¿Hay muchos robos en tu ciudad? ¿Qué roban los ladrones (*thieves*): obras de arte, dinero, radios, televisiones?

Para comprender mejor

el asunto	matter	No me cae nada mal.	He's OK.
cuidar	to take care of		
de todos modos	anyway	No se preocupe.	Don't worry.
de veras	really	No vale la pena.	It's not worth it.
desgraciadamente	unfortunately	Olvídelo.	Forget it.
enseguida	right away	por si acaso	just in case
esconder	to hide	reaccionar	to react
Estoy de acuerdo.	I agree.	recorrer	to travel all around
ilegal	illegal	el robo	robbery
Lo siento.	I'm sorry.	rogar	to beg
lucrativo/a	profitable	sacar	to take (away)
mientras	while	sacudir	to shake
mover	to move	sucio/a	dirty/shady
el negocio	business	Vámonos.	Let's go.

2 Secuencia. In pairs, describe what you see happening in each video action shot. Then, order them in a logical sequence.

1.

2.

3.

4.

II. Miremos y escuchemos

3 **¿Verdadero o falso?** While watching this episode, mark **V** (**verdadero**) for each true statement and **F** (**falso**) for each false one. Then, correct the false ones.

1. _____ El chofer y su esposa hablan de vender al jaguar.
2. _____ Adriana empieza a tener interés romántico en Felipe.
3. _____ Felipe y Adriana van a Sevilla en avión.
4. _____ El chofer le da un papelito a Nayeli.
5. _____ Nayeli le indica al chofer que es ilegal tener al jaguar.
6. _____ Doña Gafasoscuras escucha la conversación de Nayeli en la casa del chofer.
7. _____ El chofer espera tres semanas y después manda al jaguar al Ecuador.

III. Comentemos

4 **Comprensión.** In groups, answer the following questions.

1. ¿Cómo se llama el señor Covarrubias?
2. ¿Qué tiene el chofer del camión en las manos?
3. ¿Por qué hace el chofer un negocio "sucio" con el jaguar?
4. ¿Cómo reacciona (*reacts*) la esposa del chofer? ¿Qué coincidencias ocurren?
5. ¿Cómo se llama la estación de tren en Madrid?
6. ¿Adónde van Adriana y Felipe? ¿Cómo y en qué clase?
7. ¿Detrás de (*behind*) qué se esconden los señores Covarrubias?
8. ¿Cómo describe Nayeli el robo del jaguar? Según el chofer, ¿dónde está el jaguar?
9. ¿Cómo están los Covarrubias al final de esta escena?

5 **¿Estás de acuerdo?** Working in groups, compare the different ideas you have with regard to the following statements based on this episode. Tell if you agree (**estoy de acuerdo**) or disagree (**no estoy de acuerdo**) and the reason (**razón**).

1. El crimen no vale la pena.
2. El dinero es la seguridad más importante de la vida.
3. Unas personas tienen mala suerte.
4. Está bien decir mentiras si la familia está en peligro.

6 **Miremos otra vez.** After watching this episode again, check to see if you have arranged the video action shots in the correct sequence.

ETAPA B

I. Preparémonos

1 **Anticipación.** Working in pairs, answer these questions:

1. Menciona una biblioteca importante o un archivo nacional o regional. ¿Qué tipo de documentos tiene? ¿En qué ciudad está?
2. ¿Te gusta visitar la biblioteca de tu ciudad o de tu universidad? ¿Qué tiene?
3. ¿Recibes mensajes de correo electrónico? ¿Quién te escribe?
4. ¿Te dan miedo las cosas, ciudades o personas desconocidas (*unknown*)?

Para comprender mejor

el archivo	*archive, document*	ni idea	*haven't got a clue*
asustado/a	*frightened*	¡Oye!	*Listen! Hey!*
averiguar	*to find out*	parar de	*to stop (doing)*
besar	*to kiss*	¡Qué alivio!	*What a relief!*
deshacerse de	*to get rid of*	¡Qué gusto!	*What a pleasure!*
espantoso/a	*frightening*	¡Qué susto!	*What a scare!*
estar a punto de	*about to*	recoger	*to pick up*
la isla	*island*	vigilar	*to watch*

2 **Secuencia.** In pairs, describe the action occurring in each video action shot.

1.

2.

3.

4.

II. Miremos y escuchemos

3 Observaciones. While watching this episode, circle the letter of the correct answer.

1. En el hotel, Felipe y Adriana reciben un mensaje de correo electrónico de esta persona. ¿Cómo se llama?
   a. Nayeli Paz Ocotlán b. Armando de Landa c. Gerardo Covarrubias
2. Alguien está contentísimo de saber que los boletos para Puerto Rico están en el aeropuerto de Barajas en Madrid. ¿Quién es?
   a. el chofer del camión b. el agente de viajes c. Felipe
3. En el hotel, Adriana mira el libro de Nayeli. ¿Cuál es el título del libro?
   a. *El camino del jaguar* c. *La tumba de Pacal*
   b. *Los héroes gemelos de Xibalbá*
4. Nayeli sale de la agencia de viajes después de comprar un boleto de avión. ¿Adónde va?
   a. a Puerto Rico b. al Ecuador c. a Costa Rica
5. Los eventos de este episodio ocurren en la ciudad de
   a. Sevilla. b. San Juan. c. Quito.

III. Comentemos

4 Comprensión. In groups, answer the following questions.

1. ¿Cuál es el número de la casa de los Covarrubias?
2. ¿Sabe la señora Covarrubias dónde está su esposo? ¿Cómo está ella?
3. Adriana va al Archivo General de Indias. ¿La acompaña Felipe?
4. ¿De quién recibe Felipe un correo electrónico? ¿Qué dice su mensaje?
5. ¿Quién persigue a Adriana? ¿Cómo está ella al regresar al hotel?
6. ¿De quién es la foto que hay en el libro que Adriana lee en la habitación del hotel?
7. ¿Qué le cuenta Adriana a Felipe?
8. ¿Qué le cuenta Felipe a Adriana?
9. ¿Para dónde es el boleto de avión que compra Nayeli?
10. ¿Parece Nayeli triste, alegre o preocupada cuando recibe la rosa?

5 Yo creo que... In pairs, discuss the following question: ¿Qué crees que van a hacer estas personas?

1. Nayeli: ¿Va a encontrarse con Felipe y Adriana? ¿Va a hablar con la policía?
2. Adriana y Felipe: ¿Van a hablar con el señor del anillo raro? ¿Van a tener una relación romántica?
3. El chofer del camión: ¿Va a volver a su casa? ¿Va a hablar con Nayeli otra vez? ¿Le va a pasar algo malo?
4. El hombre del anillo raro: ¿Va a perseguir a Adriana en Puerto Rico? ¿Va a capturar a Adriana?

6 Miremos otra vez. After viewing the episode, put the video action shots in the correct order.

7 ¡Qué gusto! In trios, describe Sevilla by answering the following question: ¿Qué cosas, sitios, personas y actividades observas en Sevilla en este episodio?

CAPÍTULO 5

¿Hay amor en la playa?

ETAPA A

I. Preparémonos

1 **Anticipación.** Answer these questions in pairs.

1. ¿Cuál de los siguientes pasatiempos te parece más divertido hacer en la playa: navegar en velero, hacer castillos de arena, buscar conchas, hacer surfing? ¿Por qué?
2. ¿Pasas tus vacaciones con tu familia o con amigos? ¿Dónde se alojan: en un hotel, en una pensión o con amigos? ¿Cuál es tu lugar favorito para pasar las vacaciones?
3. ¿Cuáles son algunos pasatiempos divertidos en las diferentes estaciones del año?

Para comprender mejor			
arreglado/a	*arranged*	la estadía	*stay*
bellísimo/a	*very beautiful*	guardado/a	*hidden*
crecer	*to grow*	la paloma	*dove*
cruzado/a	*crossed*	el pensamiento	*thought*
de una vez	*once and for all*	perder de vista	*to drop from sight*
desconocido/a	*unknown*	el recuerdo	*memory*
la desesperación	*desperation*	el ruidazo	*loud noise*
despedirse	*to say goodbye*	sin duda	*without a doubt*
el dolor	*pain*	valer la pena	*to be worth*

2 **Secuencia.** Study each scene of the video, and then describe what you think is going to happen in this episode. Work with a partner.

1.

2.

3.

4.

II. Miremos y escuchemos

3 Observaciones. While you view the video, put an **X** next to the activities that people do in this episode.

_____ 1.	nadar	_____ 6.	comer pan y queso
_____ 2.	caminar por la playa	_____ 7.	registrarse en el hotel
_____ 3.	leer el periódico	_____ 8.	mirar una película
_____ 4.	hablar por teléfono	_____ 9.	tener un sueño
_____ 5.	jugar al volibol	_____ 10.	hacer esquí acuático

4 Identificación. Now, write who does each of the different activities that you marked with an **X**.

III. Comentemos

5 Comprensión. Answer the following questions in groups.

1. ¿En qué ciudad están Adriana y Felipe?
2. ¿Qué piensa el empleado del hotel sobre la relación entre Adriana y Felipe?
3. ¿Cuáles son los números de las habitaciones de Adriana y Felipe? ¿Qué tipo de vista tienen?
4. ¿Qué tiempo hace en Sevilla? ¿Qué usan las señoras para protegerse?
5. ¿Con qué saludo contesta Nayeli el teléfono? ¿Qué malas noticias le dice el señor y cómo reacciona ella?
6. ¿Qué hacen los muchachos que están en la playa? ¿Cómo describe Felipe la isla de Puerto Rico? ¿y ese momento en la playa con Adriana?
7. ¿De qué isla misteriosa habla Felipe con Adriana cuando está en la playa? ¿Qué dice él? ¿Cómo se siente él? ¿Qué hacen los dos después de hablar?
8. ¿Qué pájaro aparece? ¿De qué color? ¿Con quién sueña Nayeli? ¿Cómo es?
9. ¿A quién llama Nayeli? ¿Qué le dice? ¿Quién escucha la conversación telefónica? ¿Por qué no va a perder de vista a Nayeli?

6 Consejos de la abuela. Nayeli has a dream in which her grandmother speaks to her about her husband Hernán's death during the earthquake in Mexico. What are two things that **Abuelita** says to Nayeli?

7 Miremos otra vez. Watch the video again and order the scenes.

I. Preparémonos

1 **Anticipación.** Answer these questions in pairs.

1. ¿Tienes primos o primas? ¿Cuántos años tienen? ¿Qué tipo de actividades haces con ellos? ¿y con tus hermanos/as? ¿con tus amigos/as? ¿En dónde?
2. ¿Te sientes triste a veces? ¿Cómo combates tu tristeza? ¿Qué cosas te dan mucha alegría?
3. El sol y la luna son hermosos. ¿Cuál prefieres tú? ¿Por qué?

Para comprender mejor			
adivinar	*to guess*	la lluvia	*rain*
ajá	*uh-huh*	el placer	*pleasure*
alegrarse	*to be happy*	por fin	*at last*
la alegría	*happiness*	por supuesto	*of course*
el/la bandido/a	*thug*	morder (uc)	*to bite*
la belleza	*beauty*	suceder	*to happen*
ladrar	*to bark*	tapado/a	*covered*
la lente	*lens*	la tristeza	*sadness*

2 **Secuencia.** Describe what is happening in each video action shot. Then put them in a logical order and predict what is going to happen.

1.

2.

3.

4.

II. Miremos y escuchemos

3 Observaciones. In the chart below, write the items with which you associate the characters you see or hear in this episode, answering the question: **¿Con quién/es se asocian estas cosas o elementos?**

videocámara	impermeable	naturaleza
maleta	pantalones	árboles
puente	reloj	plantas
avión	gafas	lluvia
coche	paraguas	sol
cámara	ave	arena

Personaje	Las cosas
Adriana	
Felipe	
El bandido de pelo largo	
El bandido de pelo corto	
Gafasnegras	
Nayeli	

III. Comentemos

4 Comprensión. Answer the following questions in groups.

1. ¿Qué relación familiar hay entre los dos bandidos? ¿En dónde están?
2. ¿Cuál es la otra profesión de uno de ellos? ¿Cómo describe Luis a su primo?
3. ¿De qué hablan Felipe y Adriana mientras están en el puente? ¿Con qué elementos comparan al hombre y a la mujer?
4. ¿Cómo llega Nayeli a Puerto Rico? ¿Qué flor recibe? ¿Qué simboliza la flor?
5. ¿Quién está en el coche con Nayeli? ¿Cómo reacciona Nayeli?
6. ¿Qué le dice esa persona a Nayeli?

5 Yo creo que... In pairs, discuss the following questions. Then, share your answers with the class.

1. ¿Qué crees que va a pasar con el jaguar en el próximo episodio?
2. ¿Dónde va a estar?
3. ¿Quién lo va a tener?

6 Miremos otra vez. After viewing the episode, put the video action shots in the correct order.

7 Somos primos. Describe the bandit cousins by answering the following questions: ¿Cómo son físicamente? ¿Qué hacen en el Yunque? ¿Cuántos años tienen? ¿Qué les importa? ¿Qué efecto producen los primos en este episodio? ¿miedo? ¿susto? ¿humor? ¿tristeza?

8 Interpretación. Luis, el bandido, says **"Perro que ladra no muerde."** Is this true? Work in groups and give your opinion with a concrete example.

CAPÍTULO 6

¿Cuál es el plan de Gafasnegras?

ETAPA A

I. Preparémonos

1 **Anticipación.** In pairs, answer these questions.

1. Si una persona extraña te persigue, ¿qué haces?
   a) Corres rápidamente.   b) La atacas.   c) Gritas mucho.
2. ¿Qué situaciones te dan miedo?
3. ¿Cuál es el objeto más importante en tu cuarto? ¿Por qué?

Para comprender mejor

afuera de	*outside of*	jurar	*to swear*
caerse	*to fall*	mágico/a	*magic*
el diseño	*design*	pálido/a	*pale*
extraño/a	*strange*	el secuestrador	*kidnapper*
hacer daño a	*to harm*	el secuestro	*kidnapping*
alguien	*someone*	significar	*to mean*
involucrar	*to involve*	sonar	*to sound*

2 **Secuencia.** Put the video action shots in a logical order. Then, working in pairs, answer the following question: **¿Qué personaje va a hacerles daño a Nayeli, Adriana y Felipe? ¿Cómo?**

1.

2.

3.

4.

II. Miremos y escuchemos

3 **¿Verdadero o falso?** While watching this episode, mark **V** for each true statement and **F** for each false one. Then, correct the false sentences.

1. _____ Adriana y Felipe regresan a las habitaciones de su hotel.
2. _____ Adriana le dice a Felipe que ella vio al hombre del anillo en el hotel.
3. _____ El hombre del anillo entra a la habitación de Felipe.
4. _____ Adriana habla por teléfono con Nayeli.
5. _____ Adriana dice que tienen que alquilar un carro para buscar a Nayeli.
6. _____ Adriana no está preocupada.
7. _____ Nayeli comenta que los dos jóvenes van a necesitar un mapa de la isla.
8. _____ En Ecuador, Zulaya recoge el paquete con el jaguar gemelo.
9. _____ Felipe maneja al centro ceremonial indígena de Tibes afuera de Ponce.
10. _____ Adriana y Felipe se encuentran con los primos bandidos en el puente.

III. Comentemos

4 **Comprensión.** Answer the following questions in groups.

1. ¿Qué tiempo hace cuando Adriana y Felipe caminan al hotel?
2. ¿A quién ve Felipe al entrar a su habitación? ¿y Adriana?
3. ¿Quién llama a Adriana? ¿Qué tono tiene esa persona?
4. ¿Dónde y con quién está Nayeli?
5. ¿Es prisionera o invitada Nayeli? ¿Va todo bien?
6. ¿Por qué necesitan un coche y un mapa Adriana y Felipe?
7. ¿Cómo encuentra Adriana a Nayeli? ¿A qué ciudad tienen que ir Adriana y Felipe?
8. ¿Dónde tiene Felipe los mapas?
9. ¿Qué cosa rara ocurre con algunos paquetes en la oficina en el Ecuador?
10. ¿Cuándo llegó el paquete? ¿Qué encuentra Zulaya en el paquete?
11. ¿Qué coche sospechoso está en el parque ceremonial de Tibes en Ponce?
12. ¿Cómo está Gafasnegras—arrogante o humilde?

5 **El mágico jaguar gemelo.** You are a reporter for your school newspaper and have to interview two Spanish students about this episode and the magical jaguar. Work in groups of three to sketch out key questions, and then role-play the scene for the class.

6 **Miremos otra vez.** After viewing the episode again, put the video action shots in the correct order.

7 **Mi personaje.** Invent another possible character for the next episode. Work in groups of four, with each student answering two of the questions below to create the total profile of the new character. Then, compare the description of your group's character with that of other groups.

ESTUDIANTE # 1: ¿Cómo se llama? ¿De dónde es?
ESTUDIANTE # 2: ¿Cuál es su profesión? ¿Está casado/a?
ESTUDIANTE # 3: ¿Cuántos años tiene? ¿Cómo es físicamente?
ESTUDIANTE # 4: ¿Es bueno o malo? ¿Qué va a hacer y a quién?

I. Preparémonos

1 **Anticipación.** In pairs, answer these questions.

1. ¿Tienes computadora en tu casa? ¿De qué tipo es: de mesa o portátil? ¿Cuál prefieres? ¿Por qué?
2. ¿Crees que no tener computadora es una desventaja para la vida profesional moderna? ¿Crees que es una desventaja para la vida personal? ¿Por qué?
3. Si tu hermano/a, un/a primo/a o un/a gran amigo/a te pide ayuda para cometer un delito, ¿cómo reaccionas tú? ¿Por qué?

Para comprender mejor

cariñoso/a	*loving*	el parlante	*speaker*
cómodo/a	*comfortable*	la piedad	*mercy*
conforme	*according to*	el pleito	*fight*
la contraseña	*password*	el poder	*power*
desempeñar	*to perform*	predecible	*predictable*
la despedida	*farewell*	presumido/a	*conceited, arrogant*
detonar	*to detonate a bomb*	el secuestrador	*kidnapper*
la incertidumbre	*uncertainty*	se gana	*you win*
maltratar	*to mistreat*	se pierde	*you lose*

2 **Secuencia.** Put the video action shots in a logical order. Then, working in pairs, answer the following question: **¿Cómo pueden escaparse Nayeli, Adriana y Felipe del peligro?**

1.

2.

3.

4.

II. Miremos y escuchemos

3 Observaciones. While you view this episode, write the name of the person(s) associated with the following ideas.

1. Son prisioneros de Gafasnegras y los secuestradores. _____
2. Juega con la computadora de Felipe y Adriana. _____
3. Le grita al secuestrador Luis. _____
4. Tiene una bomba en las manos. _____
5. Describe a Nayeli como una mártir. _____
6. Tiene un control remoto para detonar la bomba. _____
7. Defiende a Adriana y Felipe diciendo que son inocentes. _____
8. Deja la computadora con Adriana, Felipe y Nayeli. _____
9. No quiere dejar la computadora con los prisioneros. _____
10. Detona la bomba. _____

4 ¿Cómo están los personajes? Describe the reactions or emotions of different characters in this episode: el secuestrador Luis, Nayeli, Gafasoscuras, Felipe.

III. Comentemos

5 Comprensión. Answer the following questions in groups.

1. ¿Quiénes están en el coche?
2. ¿Qué piensa doña Gafasoscuras de Nayeli?
3. ¿Qué dice Nayeli de Felipe y Adriana? ¿Cómo se siente ella?
4. ¿Cómo se portan los secuestradores? ¿Qué piensas de ellos?
5. ¿Qué pasa al final de este episodio?

6 Yo creo que... In pairs, discuss the fate of the jaguar twin by answering the following questions: ¿Dónde está el jaguar Yax-Balam en este momento? ¿Qué crees tú que le va a pasar al jaguar gemelo en el próximo episodio? ¿Lo va a conseguir doña Gafasnegras?

7 Análisis. Analyze the critical role of the computer by answering the following questions: ¿Qué importancia tiene la computadora en este episodio y durante los otros episodios del drama? ¿Cuáles son sus diferentes funciones? Work in groups of three.

8 Estoy / No estoy de acuerdo. Working in groups, compare your ideas with respect to the following statements of doña Gafasoscuras in this episode. Tell whether you are or are not in agreement and the reasons. Then, give examples, where possible.

1. "...qué maravilla es la tecnología…"
2. "...a los intelectuales les gusta saberlo todo...nunca están cómodos con las incertidumbres de la vida..."
3. "...La vida es una ruleta: a veces se gana y a veces se pierde..."

CAPÍTULO 7

¿Qué significa el sueño de Adriana?

ETAPA A

I. Preparémonos

1 Anticipación. Contesta estas preguntas. Trabaja con un/a compañero/a.

1. Describe el caso de algún secuestro en tu región o en tu país. ¿A quién secuestraron? ¿Quién lo hizo? ¿Cómo sucedió? ¿Por qué?
2. ¿Quién te inspiró a estudiar tu especialización? ¿Cuándo? ¿Cómo?
3. Cuenta los detalles de la mejor sorpresa que tuviste el año pasado. ¿Cómo te afectó?

Para comprender mejor

a lo lejos	*at a distance*	empapado/a	*very wet*
a propósito	*by the way*	empujar	*to push*
atado/a	*tied*	fiel	*faithful*
el bordado	*embroidery*	el lío	*hassle*
burlarse de	*to make fun of*	llamativo/a	*attractive*
la cabaña	*shack*	lograr	*to achieve*
cobrar	*to charge*	Parece mentira.	*It seems unreal.*
la cubeta	*bucket*	quebrar	*to break*
cubierto/a	*covered*	el sudor	*sweat*
cubrir	*to cover*	vacío/a	*empty*
de veras	*really*	valiente	*brave*
desatar	*to untie*	la ventanita	*little window*

2 Secuencia. Estudia cada escena de video y contesta las siguientes preguntas. ¿Quién es el señor? ¿Es bueno o malo? ¿Qué relación tiene con Gafasnegras? ¿Qué importancia crees que él va a tener en los próximos episodios?

1.

2.

3.   **4.**

II. Miremos y escuchemos

3 **Mis observaciones.** Mientras miras y escuchas el episodio, escribe el nombre del personaje o de los personajes relacionado(s) con los siguientes eventos.

1. Llamó a don Gustavo por teléfono. _____
2. Escuchó la historia del secuestro de Felipe y Adriana. _____
3. Quebraron la ventanita con la computadora. _____
4. Llamó a Gafasoscuras mientras vigilaba la casa de don Gustavo. _____
5. Fue a Costa Rica. _____
6. Negociaron con un taxista para ir a Otavalo. _____
7. Se asustó mucho con el sueño que tuvo. _____

4 **¡Peligro!** ¿Quién crees que va a estar en más peligro? ¿Cómo?

III. Comentemos

5 **Comprensión.** Contesta las siguientes preguntas.
1. ¿A quién le cuentan Felipe y Adriana la historia del secuestro? ¿Dónde?
2. ¿Quién desató a Felipe? ¿Qué hizo Felipe con el detonador?
3. ¿Cómo se escaparon Nayeli, Adriana y Felipe de la cabaña?
4. Según Adriana, ¿quién inspiró a Nayeli a estudiar arqueología? ¿Adónde la llevaba en México? ¿Quién tiene el jaguar Hun-Ahau en su poder?
5. Nayeli le pidió a Gustavo que fuera a la oficina de correo expreso. ¿Por qué?
6. ¿Cómo se llama la persona que recogió el paquete? ¿De dónde es ella?
7. ¿Cuánto les va a cobrar el taxista a Felipe y Adriana por el viaje a Otavalo? ¿En dónde van a hacer una parada? ¿Cuántos días van a quedarse allí?
8. Describe a las personas y las cosas que observes en este episodio en el Ecuador. Después, compara la primera y la última vista geográfica del episodio.

6 **Miremos otra vez.** Arregla las escenas de video en la secuencia correcta.

7 **Yo creo que...** En grupos de tres, analicen el significado de dos afirmaciones de Nayeli que Adriana escucha en su sueño: "La fama no hace la felicidad", "Lo que verdaderamente importa son tus amigos y tu familia".

8 **Miguel.** Trabajando en parejas, discute las siguientes preguntas. ¿Quién es Miguel? ¿Cómo es? ¿Cuántos años crees que él tiene? ¿Qué está haciendo en este episodio? ¿Qué malas noticias le da a Gafasnegras?

I. Preparémonos

1 Anticipación. Contesta las siguientes preguntas en parejas.

1. Menciona algunos platos típicos de tu región. ¿Cuál es tu plato favorito?
2. Cuando estás de vacaciones con tu familia, ¿quién toma fotos? ¿Cuál es el motivo favorito en las fotos: las personas o los paisajes?
3. Describe un extraordinario lugar geográfico que te impresione como un paraíso. ¿Cómo es? ¿Dónde está? ¿Con quién vas allí? ¿Cómo te hace sentir?

Para comprender mejor

a través de	through	desconocido/a	unknown
aconsejar	to counsel	devastador	devastating
aparentar	to pretend	enseguida	right away
apetecer	to be appetizing	evitar	to avoid
el barro	clay	fuera de serie	outstanding
colorado/a	red	el hecho	deed
contar con	to count on	el locro de queso	potato soup
culpable	guilty	el paraíso	paradise
darse cuenta de	to realize	rendirse	to give in
desaparecer	to disappear	tomar en cuenta	to take into account

2 Secuencia. Estudia las escenas de video y discute la siguiente pregunta con un/a compañero/a. ¿Qué va a pasar entre Gustavo y doña Gafasoscuras?

1.

2.

3.

4.

II. Miremos y escuchemos

3 **Mis observaciones.** Mientras Adriana y Felipe buscan el jaguar, visitan diferentes lugares. Escribe las contestaciones a las siguientes preguntas: ¿Dónde están Felipe y Adriana y con quién? ¿Qué hacen? ¿Qué observan?

III. Comentemos

4 **Comprensión.** En grupos, contesten las siguientes preguntas.

1. ¿Cómo se llama el restaurante donde comen Adriana y Felipe?
2. ¿Qué piensa don Gustavo de los dos jóvenes?
3. ¿De qué están hechos los jaguares gemelos, según Adriana?
4. ¿Quién era Pacal y cuál es su relación con los jaguares?
5. ¿Cómo salieron los jaguares gemelos de la tumba de Pacal?
6. ¿Cómo y cuándo entra Nayeli en la historia de los jaguares?
7. ¿Con qué está mirando y escuchando doña Gafasoscuras su conversación?
8. ¿Dónde estudió Nayeli arqueología?
9. ¿Dónde está el códice maya más completo?
10. ¿Qué les dijo Nayeli sobre el jaguar a las autoridades en Dresden?
11. ¿Cuándo y dónde descubrió Nayeli el jaguar Hun-Ahau?
12. ¿Cómo se conocieron Nayeli y doña Carmen?
13. ¿Por qué tiene Nayeli que reunir a los jaguares gemelos? ¿Cuándo?
14. ¿Qué cosa extraordinaria siente Adriana en Mitad del Mundo?
15. ¿Cuáles eran los tres mundos de los mayas?
16. ¿Qué beben Adriana y Felipe en la estación de gasolina?
17. Imagínate que vas a sacar fotos de las vistas más extraordinarias de este episodio. Describe tres de ellas. ¿Qué elementos de la naturaleza hay en las fotos?

5 **Turistas en el paraíso.** Adriana compara Ecuador y la Mitad del Mundo con el paraíso. Resume toda la escena en que ella y Felipe tocan dedos entre los dos hemisferios del mundo. ¿Qué se dicen los dos jóvenes sobre el Ecuador, los dos hemisferios y los dos jaguares? En tu opinión, ¿cómo se sienten los dos sobre su misión de recuperar a Yax-Balam y sobre su relación personal? ¿Se besan? ¿Van a ser más que arqueólogos y turistas? ¿Por qué? Describe la música en este episodio—¿es lírica, aburrida, hipnótica, romántica, seria, nostálgica? ¿Te gusta?

6 **Miremos otra vez.** Después de mirar el episodio otra vez, arregla las escenas de video en la secuencia correcta.

7 **En mi opinión.** Adriana reflexiona y dice, "La vida es extraña, ¿no? A veces las coincidencias no parecen coincidencias". ¿Estás de acuerdo o no? Trabajen en grupos y den ejemplos concretos de la opinión de cada uno/a de ustedes.

8 **Yo creo que...** El 31 de agosto es muy importante en esta historia de los jaguares gemelos. Trabajando con un/a compañero/a, repasen las razones. Entonces, discutan las fechas importantes en sus vidas personales. ¿Cuáles son y por qué son importantes?

¿Qué plan secreto tiene Zulaya?

I. Preparémonos

1 Anticipación. Con un/a compañero/a, contesta las siguientes preguntas.

1. Si quieres esconder algún objeto, ¿dónde lo pones? ¿Qué escondes?
2. Describe algún mercado al aire libre en tu región. ¿Dónde está, en la ciudad o en el campo? ¿Qué venden? ¿Qué compras tú allí?
3. ¿Siempre dices la verdad? Explica.

Para comprender mejor

al aire libre	*open air*	el logro	*accomplishment*
la altura	*height*	mareado/a	*nauseous, dizzy*
el amanecer	*sunrise, dawn*	la nube	*cloud*
el arbusto	*bush*	la piedra	*stone*
la bolsa	*bag*	poderoso/a	*powerful*
el cielo	*heaven, sky*	el quechua	*Quechua language*
cumplir	*to fulfill*	silvestre	*wild*
el/la curandero/a	*healer*	el soroche	*altitude sickness*
engañar	*to deceive*	el tejido	*weaving*
envolver	*to wrap*	la tierra	*earth*
forjar	*to forge, to shape*	la vela	*candle*
el hogar	*home*	el/la vendedor/a	*salesperson*

2 Secuencia. Estudia cada una de las cuatro escenas de video.

1.

3.

2.

4.

II. Miremos y escuchemos

3 Mis observaciones. Mientras miras el episodio, escribe el nombre del personaje (o personajes) asociado(s) con las siguientes actividades.

1. Tiene(n) a Yax-Balam en las manos.   _____
2. Habla(n) con Zulaya en su tienda.   _____
3. Camina(n) por el mercado en Otavalo.   _____
4. Se siente(n) mal y tiene(n) un sueño.   _____
5. Un pájaro blanco vuela enfrente de la cara.   _____
6. Despierta(n) a Adriana.   _____
7. Habla(n) con Felipe y Adriana sobre el soroche.   _____
8. Va(n) a la casa de la curandera.   _____
9. Habla(n) en quechua y cura(n) a Adriana.   _____
10. Pregunta(n) por Zulaya.   _____

III. Comentemos

4 Comprensión. Con un/a compañero/a, contesta las siguientes preguntas.

1. Describe a Zulaya. ¿Qué tiene en las manos?
2. ¿Con quién habla Zulaya en la tienda? ¿Sobre qué?
3. ¿Qué envuelve y pone Zulaya en dos bolsas idénticas mientras habla con Mario?
4. ¿Cómo se siente Adriana? ¿Qué tiene?
5. Cuando está dormida, Adriana tiene un sueño en que Nayeli le dice que el jaguar va a ser su guía en la vida. También le describe tres otras guías de la vida. Una es la verdad. ¿Cuáles son las otras dos?
6. Cuando se despierta Adriana, ¿adónde van ella y Felipe?
7. ¿Quién es doña Remedios? ¿Qué tiene dentro y fuera de la casa?
8. Según doña Remedios, ¿por qué está enferma Adriana?
9. ¿Cuándo se despierta el jaguar, según doña Remedios?
10. ¿Qué dice ella sobre simplificar la vida? ¿Por qué?
11. ¿Qué les pregunta Gafasnegras a los vendedores del mercado?

5 Guías de la vida. En este episodio, Adriana sueña que Nayeli le habla. La madrina le dice, "El que no sabe su historia no puede forjar su destino". Trabajando con un/a compañero/a, discute esta idea con respecto a la historia de los jaguares y a tu vida del pasado y del futuro.

6 Miremos otra vez. Después de mirar el episodio otra vez, organiza las escenas de video en la secuencia correcta. Después, compara la cura que le hace doña Remedios a Adriana con el tipo de tratamiento que recibes tú cuando estás enfermo/a.

7 Somos artistas. En grupos de cuatro, creen un cartel representando las vistas y voces del mercado de Otavalo. Describen los detalles de cuatro escenas: el panorama del mercado de Otavalo; unos tejidos típicos; una tienda de ropa y objetos; la gente que está en el mercado. Después, comparen su interpretación artística con otros grupos.

I. Preparémonos

1 Anticipación. Con un/a compañero/a, contesta las siguientes preguntas.

1. ¿Qué prefieres en los tejidos: muchas formas diferentes, colores muy fuertes, diseños geométricos, personas, animales, escenas de la naturaleza?
2. ¿Cuál es tu hora preferida del día? ¿y tu libro favorito? ¿Por qué?
3. ¿Tuviste buena o mala suerte el año pasado? Da un ejemplo.
4. Describe los tejidos típicos de tu región. ¿Dónde los venden? ¿Tienes uno?

Para comprender mejor

a través de	*through*	la oveja	*sheep*
asegurar	*to assure*	la pieza	*piece*
de ninguna manera	*in no way*	principal	*main*
desempeñar un papel	*to play a role*	la puerta de atrás	*back door*
		reír	*to laugh*
¡Diablos!	*Darn!*	el siglo	*century*
¡Dios mío!	*My Goodness!*	vigilar	*to watch*
la magia	*magic*	¡Ya lo verán!	*You/They'll see!*
el/la mensajero/a	*messenger*		

2 Secuencia. En parejas, háganse preguntas sobre lo que sucede en cada escena de video. Después, organicen las escenas en un orden lógico.

1.

3.

2.

4.

3 Mis observaciones. Mientras miras el episodio, escribe tus observaciones sobre Adriana. ¿Qué objetos o cosas le afectan más en este episodio y le hacen reflexionar sobre los jaguares? ¿Con quién está cuando ve estas cosas y cómo actúa? ¿Qué revelan sus acciones y reacciones sobre su personalidad?

III. Comentemos

4 Comprensión. En grupos, contesten las siguientes preguntas.

1. ¿Dónde están Felipe y Adriana? ¿Cómo están?
2. ¿Cómo se siente Adriana? ¿Qué le dio doña Remedios para curarla?
3. ¿Qué están mirando Adriana y Felipe? Descríbelo.
4. ¿De quién es la tienda? ¿Qué ropa lleva esta persona? ¿Qué dice Adriana que quiere ver?
5. ¿Qué libro ve Adriana en la tienda? ¿Es una coincidencia? ¿Qué le fascina a Zulaya?
6. ¿Cómo termina el libro y cuál es la fecha importante para reunir a los dos gemelos en México? ¿Por qué?
7. Cuando Adriana le da a Zulaya la información confidencial sobre Yax-Balam, ¿dónde pone Zulaya la mano?
8. ¿Qué les da Zulaya a Adriana y Felipe?
9. ¿Por cuál puerta salen Adriana y Felipe? ¿Por qué?
10. ¿Ve Gafasnegras a Adriana y Felipe? ¿Qué le da Zulaya a doña Gafasnegras? ¿Qué esconde Zulaya?
11. ¿Qué tipo de animales pasan por el camino? ¿Por qué están corriendo Adriana y Felipe? ¿Qué hay dentro del paquete que tiene Adriana?
12. ¿De qué está segura Adriana? ¿Qué siente Adriana al tocar el jaguar? ¿Les trae buena o mala suerte Yax-Balam? ¿Qué hacen los dos jóvenes con Yax-Balam? ¿Se ríe mucho o poco Adriana?
13. ¿Qué encuentra doña Gafasnegras en su paquete? ¿Dónde está ella? ¿Qué dice ella sobre la suerte en ese momento?

5 El plan secreto de Zulaya. Resume el plan secreto de Zulaya para devolver a Yax-Balam a México. ¿Con quién habla Zulaya? ¿Qué hace con el jaguar para protegerlo? ¿Qué características personales tiene? ¿Qué piensas tú de ella?

6 Miremos otra vez. Después de mirar el episodio otra vez, arregla las escenas de video en la secuencia correcta.

7 Mi análisis. ¿A qué se refiere Gafasnegras al final del episodio cuando dice: "El que ríe de último, ¡ríe mejor!" ¿Crees que tiene razón? Explica tus ideas. Habla con un/a compañero/a.

8 Puedo sentir la magia. En este episodio, Adriana siente la magia del jaguar. ¿Qué objeto, libro, tejido o cosa que tú conozcas te da la sensación de magia? ¿Qué es? ¿Cómo es? Por ejemplo, algo de una persona muy especial, de un lugar romántico, de tu familia, de un/a amigo/a, de un viaje inolvidable, de una foto especial. Conversa en parejas.

CAPÍTULO 9

¿Tiene Armando la solución?

I. Preparémonos

1 Anticipación. Contesta las siguientes preguntas. Trabaja con un/a compañero/a.

1. ¿Tienes padrino, madrina o una persona especial que tú quieres como a un miembro de tu familia? ¿Cómo es esa persona? ¿Dónde vive y qué hace? ¿Cuándo la ves?
2. Describe un episodio en que un/a amigo/a te traicionó. ¿Qué pasó? ¿Dónde? ¿Cuándo? ¿Son ustedes amigos/as ahora o no?
3. ¿Qué cosas se pueden hacer con el dinero? ¿Cometerías un crimen por el dinero? ¿Por qué?

Para comprender mejor			
a punto de	about to	la madrina	godmother
el/la ahijado/a	godson/ goddaughter	la maldad	evil
		merecer	to deserve
así	like that	ni la menor idea	not even the least idea
conforme a	in accordance with		
cumplir	to fulfill	el/la pintor/a	painter
demasiado	too much	quizás	perhaps
en cuanto	as soon as	reunido/a	reunited
en cuanto a	in relationship to	si no fuera por ti	if it weren't for you
enterarse de	to learn		
la felicidad	happiness	tanto	so much
la finca	farm	tapar	to cover
fuera de	out of	traicionar	to betray
hondo/a	deep	un rato	a little while
el/la jardinero/a	gardener	la valentía	bravery

2 Secuencia. Después de estudiar cada escena de video, inventa una conversación entre los dos pintores. ¿Qué dicen sobre los jaguares gemelos? Después, organiza las escenas en un orden lógico. Trabaja en parejas.

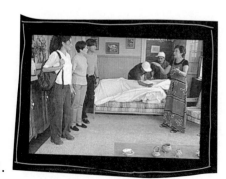

1.

2.

3.

4.

II. Miremos y escuchemos

3 **Mis observaciones.** Mientras miras y escuchas el episodio, describe una acción y la actitud de los siguientes personajes. Escribe tus observaciones.

Nayeli   doña Carmen   Armando   Zulaya   Adriana   Felipe

4 **¡Juntos otra vez!** ¿Cómo son los jaguares gemelos? Descríbelos.

III. Comentemos

5 **Comprensión.** En grupos, contesta las siguientes preguntas.

1. ¿A dónde llega Nayeli? ¿Cómo se siente Nayeli al llegar allí? ¿Qué ve Nayeli en el mueble?
2. ¿Qué le cansa a Nayeli?
3. ¿Dónde y cuándo conoció Nayeli a Armando? Según Nayeli, ¿qué les hizo Armando a Adriana y Felipe y de qué acusó a Nayeli?
4. ¿Cómo reacciona doña Carmen a lo que le dice Nayeli?
5. ¿Dónde está Armando? ¿Qué le dice Armando a Zulaya y qué le contesta ella? ¿Qué comenta Zulaya sobre el dinero?
6. ¿Cómo llegan Adriana y Felipe a la finca? ¿Qué llevan allí?
7. ¿Quiénes más están en la sala de doña Carmen? ¿Qué están haciendo allí?
8. ¿Cómo reacciona Nayeli al ver a Felipe, Adriana y Yax-Balam?
9. ¿A quién le da a Yax-Balam Adriana? ¿Qué pone Nayeli en el mueble de la sala y con quién? ¿Qué dice Adriana en ese momento?
10. ¿Qué comenta Nayeli sobre México?
11. ¿Qué cosa le da un muchacho a Nayeli? ¿Dónde la pone?
12. ¿Qué sucede al final de la escena?

6 **Miremos otra vez.** Después de mirar el episodio otra vez, arregla las escenas de video en la secuencia correcta. Escribe dos frases, explicando cada una.

7 **El dilema de Armando.** Resume la conversación entre Zulaya y Armando.

8 **Nuestra opinión.** En grupos de tres, expliquen el significado de lo que Felipe le dice a Adriana. Luego, intercambien las respuestas con otro grupo y compárenlas.

"Te lo mereces todo, Adriana, la felicidad, el triunfo, todo. Si no fuera por ti, quién sabe dónde estarían los jaguares. ¡Con tu tenacidad y valentía, vas a salvar a todo México!"

I. Preparémonos

1 **Anticipación.** Contesta las siguientes preguntas. Trabaja con un/a compañero/a.

1. ¿Qué característica geográfica predomina en tu región: los bosques, las montañas, los ríos, los lagos, los volcanes?
2. ¿De qué colores son el pájaro y la flor que representan tu estado? ¿Son bonitos?
3. ¿Prefieres vivir en el campo o en la ciudad? ¿Por qué? Menciona una buena característica de los dos lugares.

Para comprender mejor

apagar	to turn off, go off	fiel	loyal
asombrado/a	astonished	fingir	to fake
astuto/a	sharp	incómodo/a	uncomfortable
atreverse	to dare	infundado/a	unfounded
la caminata	walk	involucrado/a	involved
comprobar	to prove	la mariposa	butterfly
devolver	to return	la palanca	lever
disculpar	to forgive	por encima de	above
el ejército	army	la prueba	proof
en seguida	right away	la riqueza	wealth
engañado/a	deceived	sabroso/a	delicious
expuesto/a	exposed	suplicar	to beg
fallar	to fail	el zorro	fox
la fe	faith		

2 **Secuencia.** Estudia cada escena de video y contesta la siguiente pregunta. ¿Por qué está tan serio todo el mundo? Después, arregla las escenas en un orden lógico.

1.

2.

3.

4.

II. Miremos y escuchemos

3 Mis observaciones. Mientras miras, escribe descripciones de la flora y la fauna que observes en Costa Rica. ¿De qué colores y formas son?

III. Comentemos

4 Comprensión. Contesta las siguientes preguntas.

1. ¿Con qué compara Adriana la gran diversidad biológica de Costa Rica? ¿Qué dice Adriana sobre las mariposas de Costa Rica?
2. ¿Qué comparación hace Felipe entre los pájaros de Costa Rica y la gente?
3. ¿Sabe Adriana por qué se siente incómoda en la presencia de doña Carmen?
4. ¿Qué relación hay entre doña Carmen y Nayeli?
5. ¿Qué opina Felipe de la imaginación de Adriana? ¿Qué quiere hacer ella?
6. ¿Qué están haciendo los pintores en la casa de doña Carmen?
7. ¿Cómo reacciona Nayeli cuando Adriana le cuenta sus sospechas sobre doña Carmen? ¿Tiene pruebas?
8. Según Adriana, ¿cómo se explican los jeroglíficos mayas en las piezas que se encuentran en Costa Rica? ¿Qué pasa al final de esta escena?

5 ¿Y tú qué piensas? Imagínate que en este episodio el pájaro azul y anaranjado puede hablar. ¿Qué dice sobre doña Carmen? ¿Es una persona de confianza?

6 Miremos otra vez. Después de mirar el episodio otra vez, arregla las escenas de video en la secuencia correcta y narra brevemente el contenido del episodio.

7 ¿Qué animal eres? Adriana compara a Felipe con un perro fiel. Él la compara a ella con un zorro astuto. Describan las características positivas de estos dos animales. ¿Con qué animal se identifican ustedes? ¿Por qué?

8 En nuestra opinión. En grupos de tres, discutan las siguientes opiniones de Adriana y Felipe. Cuando terminen, intercambien y comparen las respuestas con otro grupo.

ADRIANA: "…es urgente que conservemos la riqueza natural de los bosques."
FELIPE: "¿En este siglo cómo puede un país funcionar sin ejército?"

¿Qué pasa con doña Carmen?

ETAPA A

I. Preparémonos

1 Anticipación. Contesta las siguientes preguntas. Trabaja con un/a compañero/a.

1. ¿Qué haces cuando se corta la luz en tu casa?
2. Menciona una situación que te cause angustia. ¿Qué haces para calmarte?
3. ¿Cómo proteges tu apartamento o casa contra los robos?

Para comprender mejor

a menudo	*often*	la falla	*failure*
alterarse	*to get upset*	la incomodidad	*inconvenience*
la anfitriona	*hostess*	la indirecta	*heavy hint*
la angustia	*anxiety*	ingenioso/a	*clever*
comprensivo/a	*understanding*	inquietarse	*to get worked up*
desconcertar	*to take aback*	Tranquilízate.	*Calm down.*
la disculpa	*apology*	se fue la luz/	*the light(s)*
en seguida	*right away*	se cortó la luz	*went out*

2 Secuencia. Estudia cada escena de video y contesta las siguientes preguntas. ¿Qué les ha pasado a los jaguares gemelos? Según tu opinión, ¿que está pensando Nayeli? ¿De qué crees que están hablando Adriana y Felipe?

1.

2.

3.

4.

II. Miremos y escuchemos

3 Mis observaciones. Mientras miras, escribe tres características o emociones que muestren los siguientes personajes.

contento/a   alterado/a   determinado/a   listo/a
triste   patriótico/a   sincero/a   nervioso/a
preocupado/a   frustrado/a   deprimido/a   fiel
cariñoso/a   sorprendido/a   arrogante   fuerte

1. Adriana   3. Gafasnegras   5. el dueño del anticuario
2. Felipe   4. Raúl

III. Comentemos

4 Comprensión. Contesta las siguientes preguntas.

1. ¿Dónde están Adriana y Felipe? ¿A quién buscan ellos en este episodio?
2. ¿Cómo saben los anticuarios en San Antonio algo sobre los jaguares gemelos?
3. ¿Qué buscan Adriana y Felipe en la guía telefónica?
4. ¿Cuántos teléfonos hay en el apartamento de Adriana? ¿Dónde?
5. ¿Por qué va Gafasnegras a *ese* anticuario en San Antonio?
6. ¿Qué le dice el dueño del anticuario a Gafasnegras sobre los gemelos?
7. ¿Qué le pide Gafasnegras al dueño?
8. ¿Estará el coleccionista en su oficina hoy? ¿Por qué?
9. Después de que sale Gafasnegras del anticuario, ¿a quién llama el dueño? ¿Qué le dice?
10. Al leer el periódico, ¿qué anuncio ve Felipe? ¿Qué deciden hacer él y Adriana?
11. ¿Con quién se encuentra Adriana enfrente de su apartamento? ¿Qué le muestra?
12. ¿Qué le cuenta Adriana al dueño del anticuario? ¿Qué le aconseja él a ella?
13. ¿Cómo calma el anticuario a Adriana?

5 Somos detectives. Pónganse en el lugar de Adriana y Felipe. ¿Qué van a hacer ustedes para encontrar a los héroes gemelos y devolverlos a México? ¿Dónde? ¿Cómo?

6 Miremos otra vez. Después de mirar el episodio otra vez, arregla las escenas de video en la secuencia correcta.

7 La gran trampa. Imagina que tú estás trabajando para Raúl y el anticuario. Inventa un anuncio de periódico para engañar a doña Gafasoscuras y hacerle caer en una trampa para que no se quede con los gemelos. Trabaja con un/a compañero/a y léele el anuncio a la clase.

8 ¿Cómo desaparecieron? Escribe un corto resumen sobre la desaparición de los gemelos, desde la perspectiva del anticuario, cuando él ha hablado con Adriana.

I. Preparémonos

1 Anticipación. Contesta estas preguntas. Trabaja con un/a compañero/a.

1. ¿En quién tienes tú total confianza? ¿Por qué? ¿Cómo es esa persona?
2. ¿Qué experiencia ha sido la más fácil o difícil de tu vida? Descríbela.
3. ¿Te importa lo que otras personas piensen de ti? Explica.
4. ¿Qué deporte prefieres mirar, el fútbol, el tenis, el golf? ¿Por qué?

Para comprender mejor

aclarar	to clear up	Las Canarias	The Canary Islands (restaurant on the Riverwalk)
agradecer	to thank		
alcanzar	to accomplish		
el anonimato	anonymity	Mansión del Río	River Mansion (café on the Riverwalk)
ansioso/a	anxious		
el asunto	matter	el medio	means
atrapar	to trap	Paseo del Río	Riverwalk (in San Antonio)
la cárcel (prisión)	jail		
el corto plazo	short notice	la pesadilla	nightmare
desafiar	to challenge	probar	to prove
devolver	to return	el puente	bridge
las esposas	handcuffs	recorrer	to tour
estar a cargo de	to be in charge of	tirar	to throw
golpear	to hit		

2 Secuencia. Estudia las escenas de video y comenta las preguntas con un/a compañero/a. ¿Qué le ha pasado a doña Gafasnegras? ¿Qué tiene que ver la pelota de fútbol con ella y los jaguares gemelos? Usa la imaginación.

2.

1.

3.

4.

II. Miremos y escuchemos

3 **Observaciones.** Mientras Nayeli va a México, otros eventos ocurren en San Antonio en un restaurante del Paseo del Río y en un puente. Escribe quién(es) participa(n), y qué hace(n) y nota(n) en cada lugar.

III. Comentemos

4 **Comprensión.** En grupos, contesten las siguientes preguntas.

1. Describe el lugar dónde se encuentran Adriana y Raúl.
2. ¿Para cuál organización trabaja Raúl? ¿En qué capacidad? ¿Quién la fundó? ¿Cómo reacciona Adriana al ver el anillo de Raúl? De qué color es la piedra?
3. ¿Cómo se llama Gafasnegras realmente?
4. ¿Por qué no quiere Raúl pedirle ayuda a las autoridades?
5. ¿Aproximadamente cuántas personas hay en el barco que pasa?
6. ¿Qué tiene en la mano el chico de la camisa azul? ¿Cuántos años tiene, crees tú? ¿Qué tiempo hace?
7. Felipe y Adriana están en dos lados del puente esperando a Gafasnegras. ¿Dónde está Raúl? ¿Qué aparato usan los tres?
8. ¿Qué hace Felipe cuando Gafasnegras trata de tirar la bolsa con los gemelos al río? ¿Qué se le caen a ella?
9. ¿Qué le ofrece Gafasnegras a Raúl? ¿Acepta él? ¿Qué le pone a Gafasnegras?
10. ¿Qué recoge Adriana del puente y se la da a Raúl?

5 **Miremos otra vez.** Después de mirar el episodio otra vez, arregla las escenas de video en la secuencia correcta. Después, narra la acción.

6 **¡Felipe el futbolista!** ¿Qué tiene que ver la pelota de fútbol con Gafasnegras y los jaguares gemelos? ¿Qué tipo de ¡¡¡GOL!!! marca Felipe en esta escena? ¿Cómo se siente él?

7 **Análisis, análisis.** En grupos, conversen sobre la relación que tienen las dos afirmaciones siguientes con la historia de los jaguares. ¿Quién las dice y qué revelan sobre la personalidad de cada personaje? ¿Son estas afirmaciones pertinentes en la vida de cada uno/a de ustedes?

"El dinero no me importa."   "El fin justifica los medios."

CAPÍTULO 12

¿Qué es I.L.E.Y.A.N.?

I. Preparémonos

1 **Anticipación.** Contesta las siguientes preguntas. Trabaja con un/a compañero/a.

1. Reflexionando sobre tu pasado, ¿qué eventos te parecen los más importantes para la vida contemporánea? ¿Hay circunstancias que te compliquen la vida actualmente?
2. ¿Qué personas tienen autoridad sobre ti y tu vida actual? ¿Qué te piden que hagas o no hagas?
3. ¿Qué simbolizan las flores para ti? ¿En qué ocasiones recibes y das flores?
4. En pocas palabras, ¿cuál es tu filosofía de la vida? Por ejemplo, la vida es para disfrutarla; la vida es para trabajar y tener éxito; el dinero es la primera prioridad; el honor personal es un objetivo; una vida sin misión no es vida. ¿Qué crees tú?

Para comprender mejor

advertir	*to warn*	hacer caso	*to pay attention*
arrestar	*to arrest*	el hecho	*deed, act*
el cacao	*chocolate*	irreprochable	*untouchable*
capaz	*capable*	meter	*to put (in)*
la comisaría	*police station*	no quedarle	*to have no*
comprometido/a	*compromised*	remedio a alguien	*choice*
corregido/a	*corrected*	salir limpio	*to be cleared*
empalagar	*to smother with*		*of blame*
	sweetness	si me lo propongo	*if I put my*
en fila	*single file*		*mind to it*
las esposas	*handcuffs*	sumamente	*very, extremely*
fuera de serie	*exceptional*	valioso/a	*valuable*

2 **Secuencia.** Estudia las escenas de video y comenta con un/a compañero/a por qué los personajes arrestados en este episodio son algunos de "Los Malos".

1.

2.

3.

4.

II. Miremos y escuchemos

3 Mis observaciones. Mientras miras el video, escribe los nombres de las personas arrestadas, en qué país, y la reacción que tengan.

III. Comentemos

4 Comprensión. Trabajen en grupos y contesten las siguientes preguntas.

1. ¿En dónde pone Raúl a doña Gafasoscuras? ¿Qué le pasa al coche?
2. ¿Qué les pasa a los primos ladrones? ¿Son solteros los dos?
3. ¿Qué reconoce el primo casado? ¿Qué siente el primo Luis y qué pregunta sobre la vida en la cárcel?
4. ¿Qué le dice Armando de Landa al detective?
5. ¿Admite doña Carmen que ella es culpable de robar a los jaguares gemelos?
6. ¿Por qué están preocupados los ladrones/pintores de la casa de doña Carmen?
7. ¿Qué flor le da Felipe a Adriana? ¿Cómo llama Adriana a Felipe y él a ella?
8. Al hablar del bien y del mal, ¿qué dice Felipe del bien? ¿A qué deporte puede referirse su comentario?
9. ¿Qué regalo le ofrece Adriana a Felipe? ¿Qué le dice sobre los mayas y el chocolate? ¿Qué dice Felipe sobre el chocolate y Adriana? ¿Se lo comen?
10. ¿Cómo están los dos al final de la escena?

5 Los ciclos de la vida. Raúl reflexiona y dice, "Todo tiene un fin. Todo cumple un ciclo: la vida, la muerte, el bien y el mal, es inevitable". ¿Cuál es el fin del ciclo con respecto a la historia de los jaguares? Trabajen en parejas.

6 Miremos otra vez. Arregla las escenas del video en el orden correcto.

7 ¿Y usted, doña Carmen? Inventa un diálogo entre Nayeli y doña Carmen antes de que la policía la arreste. ¿Qué le pregunta la ahijada y cómo le responde la madrina sobre los jaguares gemelos, y sobre la relación personal entre las dos mujeres? Trabaja en parejas.

8 En mi opinión. Trabajen en grupos e identifiquen a los personajes que dicen estas afirmaciones. Comenten si están de acuerdo o no con cada una de ellas y por qué.

"No hay nada que yo no pueda hacer si me lo propongo".
"En este mundo sólo cuentan los hechos".
"Las apariencias engañan".
"El dinero todo lo arregla".
"No todo se puede comprar".

I. Preparémonos

1 Anticipación. Trabajen en parejas y contesten las siguientes preguntas.

1. Describe una catástrofe que haya tenido tu país recientemente.
2. ¿De dónde son tus antepasados? ¿Qué sueños tenían? ¿Cuál es uno de tus sueños?
3. ¿Quiénes son un héroe y una heroína de tu país? ¿Cómo son? ¿Cuáles son sus hazañas (*heroic deed*)?
4. ¿Qué planes, circunstancias o personas pueden cambiar el futuro y la prosperidad de tu país? ¿Qué piensas hacer por tu país en el futuro?

Para comprender mejor

al revés	*backwards*	el hallazgo	*find*
la alegría	*joy*	idear	*to make a plan*
el/la antepasado/a	*ancestor*	inexplicable	*unexplainable*
averiguar	*to find out*	el peligro	*danger*
de veras	*really*	presentar	*to introduce*
descorazonar	*to discourage*	pues	*well*
la deuda	*debt*	la respuesta	*answer*
el/la diputado/a	*deputy*	suponer	*to guess*
el espejo	*mirror*	el/la televidente	*TV viewer*
fortalecer	*to fortify*	el titular	*headline*
el halago	*praise*	yucateco/a	*from the Yucatan*

2 Secuencia. Estudia las escenas de video y comenta cómo crees que va a terminar la historia. Trabaja con un/a compañero/a.

1.

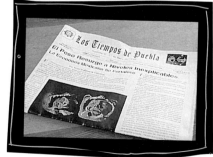

2.

I.L.E.Y.A.N.

Instituto para Localizar Elementos
Yucatecos y Arte Nacional

3. **4.**

II. Miremos y escuchemos

3 Mis observaciones. Escribe lo que pasa en este episodio entre Nayeli y Adriana; entre Felipe y Adriana; entre Raúl y Nayeli y entre los gemelos.

III. Comentemos

4 Comprensión. En grupos, contesten las siguientes preguntas.

1. ¿Dónde están Nayeli, Felipe y Adriana? ¿Está lloviendo? ¿Quién presenta a Nayeli? ¿Qué dice? ¿Qué tiene Adriana en las manos?
2. ¿Cuál era el sueño de Nayeli, Adriana y Felipe? ¿De qué fue acusada Nayeli y por qué? En realidad, ¿quién era el criminal? ¿Cuál era el gran plan de Armando?
3. ¿Cómo explica Nayeli su papel en el descubrimiento de los gemelos? ¿Qué dice Adriana sobre los antepasados? ¿De qué más habla?
4. Adriana le cuenta a Felipe su sueño de conseguir algo. ¿Qué es?
5. ¿Qué significa I.L.E.Y.A.N.? ¿y al revés?
6. ¿Qué le da Raúl a Nayeli? ¿Qué simboliza, según Raúl? ¿Cómo está ella?
7. ¿De qué es la foto que Raúl le muestra a Nayeli? ¿Qué pasa entre ellos?
8. ¿Cómo se llama el periódico? ¿Quién lo lee? ¿Qué dicen los titulares?

5 Una flor y chocolates. Analiza la relación entre Felipe y Adriana. En tu opinión, ¿qué siente Felipe por Adriana y ella por él? ¿Cómo han cambiado desde el principio de la historia? ¿Van a estar juntos en cinco años? Explica. ¿Por qué son dos de *Los Buenos* de "Caminos del jaguar"?

6 Miremos otra vez. Arregla las escenas en el orden correcto. Después discute esta pregunta: Si tuvieras un/a gemelo/a, ¿cómo sería?

7 Abuelita, ¿qué piensas tú? Nayeli tiene otro sueño en el que Abuelita le habla brevemente sobre lo que ha pasado en los últimos dos episodios. ¿Qué le dice?

8 La gran cuestión. Adriana pregunta, "¿Cómo es posible integrar la paz y la alegría a la vida?" Contéstale, con referencia a tu escuela, tu país y al mundo.

9 Desde el corazón... Imagina que los héroes gemelos conversan sobre su vida como hermanos, sobre Adriana, Felipe y Nayeli y sobre sus aventuras. Trabajando en parejas, ponte en el lugar de Yax-Balam o Hun-Ahau y escribe un diálogo desde su perspectiva. Usa el título "¡Somos gemelos héroes!"

Yo, Yax-Balam, gemelo héroe...   Yo, Hun-Ahau, gemelo héroe...

CAMINOS DEL JAGUAR VIDEO SUMMARY

The following is an episode-by-episode summary of the *Caminos del jaguar* video plotline.

Etapa 1A: Puebla, México; San Antonio, Texas

Nayeli learns that she is being pursued by the police as a criminal and makes plans to flee her office in Puebla. In the meantime, Adriana meets Felipe for the first time and the two of them talk about their planned three months' study of archeology in Mexico with Nayeli. Together they discuss making bus reservations for Puebla. Back in Puebla, a mysterious woman in sunglasses spies on Nayeli as she leaves a note on her office door for Adriana and Felipe.

Etapa 1B: San Antonio, Texas; Puebla, México

Adriana reserves two bus tickets to Puebla and talks with her roommate Patricia about Felipe and her love of archeology. Meanwhile, Felipe talks to his roommate Arturo about the excavation and Adriana. Later Felipe and Adriana meet at the bus station and chat, getting to know each other better. Adriana talks about Nayeli's book on the hero twins, Yax-Balam and Hun-Ahau, who always triumph over the evil spirits. Felipe talks about his Cuban heritage and how much he loves Cuba, although he has never been there. Finally the bus arrives and they board it. In the meantime, we see Nayeli take a cab to the airport in Puebla. Later, Felipe and Adriana arrive in Puebla.

Etapa 2A: Puebla, México; México, D.F., México; Sevilla, España

Adriana and Felipe arrive in Puebla, where newspaper headlines announce the search for Nayeli. Adriana and Felipe arrive at Nayeli's office, where, only moments before, Armando de Landa Chávez has taken the note intended for them from Nayeli's door. Adriana and Felipe are concerned when they fail to find her. Armando introduces himself to them and tells them that Nayeli is being sought by the police. He offers to drive them to Nayeli's house. There they meet Esperanza, Nayeli's housekeeper, who invites them inside. She says that she, too, is unaware of Nayeli's whereabouts but is convinced of her innocence of the crime of which she is accused. Armando suspects that Esperanza knows more than she is saying. He sees a note and grabs it, against Esperanza's wishes. Adriana takes it from him and leaves the room. In the meantime, the Mexican authorities explain that they believe that Nayeli has stolen one of the jaguar twins from a museum and sent a replica to Sevilla in its place. However, in the meantime, Sr. Covarrubias, a truck driver from Sevilla, experiences the jaguar's powers firsthand.

Etapa 2B: Puebla, México

Back at Nayeli's house, Adriana examines a note that Nayeli has left behind. She deciphers the hieroglyphics shown on it: a bird representing an airline flight, the number 949, which is the flight number, and the letters that represent the four cities where Mayan codexes can be found: Dresden, Paris, Madrid, and the Distrito Federal. She deduces that Nayeli has taken flight 949 to Madrid. Adriana tells Felipe privately what she has learned. Armando offers to finance their trip to Madrid to look for Nayeli, supplying them with tickets, a credit card, some cash, and a computer. Adriana and Felipe accept his offer, but with some reservations on Adriana's part. Adriana gives the note back to Esperanza. Later, Esperanza is seen giving the note to a mysterious man with a strange ring. We also hear Armando talking on the phone with a woman, and informing her of Adriana and Felipe's plans to look for Nayeli in Madrid.

Etapa 3A: Madrid, España; Sevilla, España

Nayeli, asleep in her Madrid hotel room, dreams of her grandmother. The grandmother advises her to forgive herself for the earthquake in 1985 that destroyed much of Mexico City, since earthquakes are all a part of nature. Nayeli discovered the jaguar in Dresden and returned to Mexico with it, not realizing she did so during the days of bad luck on the Mayan calendar. Nayeli's husband Hernán died in the earthquake, but the grandmother reminds Nayeli that the earthquake was not her fault. In Sevilla, Sr. Covarrubias and his wife discuss the jaguar and his scheme for making money from it. Meanwhile, Sunglasses places a bug on Nayeli's day planner at the same time that Adriana and Felipe arrive at Nayeli's hotel in Madrid. They ask the doorman if he has seen Nayeli. He describes her usual routine and her changed routine that morning, when she walked to a trucking company. The scene changes to show Nayeli's experience at the trucking company, where she is trying to trace the jaguar's route from Madrid to Sevilla. After a few difficulties with the clerk, she gets the name of Sr. Covarrubias in Sevilla.

Etapa 3B: Madrid, España

On the way to the trucking company, Felipe and Adriana stop in a cafe for a quick bite to eat. In the meantime, Nayeli has returned to her hotel, where she realizes she has been followed and she quickly packs and leaves. On her way out, a stranger hands her a red rose and she looks concerned. When Adriana and Felipe arrive at the trucking company, Adriana argues with the stubborn clerk while Felipe is able to discover the information Nayeli had requested. When they return to the hotel, they discover that Nayeli has already left, and they decide to follow her to Sevilla.

Etapa 4A: Sevilla, España; Madrid, España

Sr. and Sra. Covarrubias experience the supernatural powers of the jaguar, and Sra. Covarrubias orders her husband to remove it from the house immediately. Meanwhile, in Madrid, Adriana and Felipe arrive at the Atocha train station to purchase their tickets to Sevilla. Back in Sevilla, Nayeli confronts Sr. Covarrubias and asks him where the jaguar is. He has already sent it on to Quito. Sunglasses is monitoring their conversation and learns of the jaguar's location.

Etapa 4B: Sevilla, España

Adriana and Felipe arrive at Sr. Covarrubias's house and learn that he has gone and can't be reached. Adriana decides to go to the Archivo General de Indias to see if Nayeli has been seen there. Felipe returns to the hotel to check their e-mail. He receives a message from Armando telling them that Nayeli is fine and is awaiting them in Puerto Rico. Two tickets are reserved in their names at Barajas Airport in Madrid. When Adriana returns, she is frightened because she has been pursued by a mysterious man with an unusual ring. Felipe helps her calm down and tells her the good news about Nayeli having turned up in Puerto Rico. But in the meantime, Nayeli is in a travel agency in Sevilla purchasing a flight to Quito. As she leaves, she receives a yellow rose and looks relieved. Sunglasses learns about Nayeli's destination and adjusts her plans accordingly.

Etapa 5A: San Juan, Puerto Rico; Sevilla, España

While Adriana and Felipe check into their hotel in San Juan, Nayeli has a cryptic phone conversation back in Sevilla. An unknown man informs her that Adriana and Felipe are in Puerto Rico, when, as far as Nayeli knows, they should be in Puebla at the excavation, following her instructions in the note she left on her office door. Nayeli must decide what to do. Back in Puerto Rico, Adriana and Felipe enjoy the beach and its many activities. They talk again about how Felipe misses the Cuba he has never known. Meanwhile, Nayeli ponders what to do while remembering the words of her grandmother. The grandmother reminds Nayeli that when she returned the jaguar to Mexico she didn't know it was during the days of bad luck, that earthquakes are a part of nature, and that Nayeli can't sleep because she never got to say good-bye to Hernán. She ends by saying that people are more important than things and that Nayeli's friends and family are always with her. Nayeli changes her mind and decides to fly not to Quito, but to San Juan. Sunglasses continues to monitor Nayeli's plans.

Etapa 5B: El Yunque, Puerto Rico; San Juan, Puerto Rico

Two Puerto Rican cousins are following Adriana and Felipe in El Yunque National Park, according to Sunglasses's instructions. One of the men, Luis, talks about his courses in computer science and an exam he had that morning. Adriana and Felipe, unaware that they are being followed, enjoy the natural beauty of the park, and Felipe tells Adriana a Cuban legend about the creation of mankind. During this conversation, Luis and his cousin follow them and take photos. In the meantime, as Nayeli starts to leave the San Juan airport, she receives a red rose. Suddenly Sunglasses kidnaps Nayeli outside the terminal. Sunglasses expresses her disappointment with Nayeli for having come to San Juan to find Adriana and Felipe, rather than having gone to Quito after the jaguar. Nayeli says she doesn't have the jaguar, but Sunglasses replies that she is sure that Nayeli knows where it is.

Etapa 6A: San Juan, Puerto Rico; Quito, Ecuador; Tibes Ceremonial Park, Ponce, Puerto Rico

Back at their hotel in San Juan, Adriana sees the man with the strange ring talking on the phone and rushes Felipe away. Next they receive a call from Nayeli, in which she tells them to rent a car, get a map of the island, and meet her at the Tibes Ceremonial Park in Ponce. After Adriana hangs up, she comments on how strange Nayeli sounded, while she and Felipe hurriedly leave. Meanwhile, in Quito, Zulaya Piscomayo Curihual, an indigenous Ecuadorian woman, arrives at the post office to pick up a package from Sr. Covarrubias. At the same time, in the Tibes Ceremonial Park, Nayeli pleads with Sunglasses to leave Adriana and Felipe alone, but to no avail since she is determined to take them hostage, too.

Etapa 6B: Manatí, Puerto Rico

In a deserted rural area, Sunglasses and the cousins hold Nayeli, Adriana, and Felipe prisoner. Luis, one of the cousins, is very impressed with Adriana's and Felipe's laptop computer. Sunglasses wants to access their e-mail, but decides there isn't enough time. Instead, she takes them to an abandoned shack, where she tells them what their fate will be. She ties them up and places a bomb in the shack with them, which she can activate via a remote control. Nayeli again pleads for her to release Adriana and Felipe, but Sunglasses again refuses, saying that now that she has the information about how to find the jaguar, she doesn't need any of them any more. As a final ironic gesture, she leaves them with the computer, in spite of Luis's pleas to let him keep it.

Etapa 7A: Quito, Ecuador

Adriana and Felipe are staying with a friend of Nayeli's, don Gustavo, in Quito, where they tell him the whole story of their escape in Puerto Rico. After Sunglasses and the cousins had left, Adriana was able to untie Felipe, who covered the detonator with a bucket and delayed the contact with the remote control. Then Nayeli, Adriana, and Felipe broke the only small window in the cabin using the computer! They escaped through the window and hid themselves, until Sunglasses was finally able to detonate the bomb. Unbeknownst to them, Sunglasses's assistant Miguel is spying on them while they tell don Gustavo the story. Adriana asks don Gustavo if he was able to talk to Nayeli. He replies that she called him yesterday from Costa Rica, where she has gone to evade the authorities. She is staying at the home of her godmother, doña Carmen, who first inspired Nayeli to study archeology. When Nayeli found the jaguar Hun-Ahau, she left it in the care of doña Carmen, who has it in her home. That's why Adriana and Felipe plan to reunite with Nayeli there, once they find the other jaguar, Yax-Balam.

Don Gustavo tells Adriana and Felipe that Nayeli asked him to go to the post office to see if he could gather information about the package that Sr. Covarrubias sent. All he could discover was that an Otavalan woman, Zulaya, had received the package the previous day. Felipe and Adriana decide that they must go to Otavalo to continue their search for the jaguar, and they make arrangements with a cab driver to take them there. That night, Adriana has a dream in which Nayeli appears to her and advises her to listen to her heart and not to let her intellect deceive her, that danger is everywhere, and that Adriana should trust her friends and her family.

Etapa 7B: Quito, Ecuador; La Mitad del Mundo, Ecuador; near Otavalo, Ecuador

Don Gustavo, Adriana, and Felipe have lunch at the La Choza restaurant before Adriana and Felipe set out for Otavalo, and don Gustavo recommends several traditional dishes. After they order, don Gustavo reminds Adriana and Felipe that they should trust no one. They then go on to talk about the jaguar twins. Adriana describes them: clay pieces, probably designed to accompany Pacal, the great Mayan king, on his journey through Xibalbá after his death. His tomb was one of the most important archeological finds of the century. Most likely, the jaguar twins were stolen from his tomb by pre-Columbian grave robbers. While Adriana talks, Sunglasses monitors every word.

Adriana goes on to tell more of their history. When Nayeli was an archeology student at UNAM (the University of Mexico), she went to Dresden to study a Mayan codex. She found Yax-Balam in Dresden in 1985, and she was able to convince the German authorities that the jaguar belonged to Mexico. She returned with it to Mexico just in time for the terrible earthquake that rocked Mexico City. Nayeli blamed herself for the disaster, because she returned during the five days of bad luck on the Mayan calendar. Later, in 1990, Nayeli discovered Hun-Ahau in Paris. Instead of returning directly to Mexico with it, she did research to find the best time to reunite the jaguar twins. Awaiting that time, she left Hun-Ahau with doña Carmen in Costa Rica. In fifteen days, on August 31, the day of Pacal's death, Nayeli must reunite the twins in order to avoid further disasters for Mexico.

Later that day, Adriana and Felipe spend some time at La Mitad del Mundo, a park on the equator, while their taxi driver changes a flat tire. They spend some time playing tourists while they wait. After the tire has been changed and they continue on the road to Otavalo, Felipe asks Adriana how Nayeli lost the jaguars when she knew she needed to reunite them in the near future. Adriana explains that Nayeli's book about the jaguar twins came out early and some Mexican businessmen wanted the twins for an exhibit in their new museum featuring Mayan artifacts. They pressured Nayeli so much that she had to agree, but the exhibition was to occur very close to August 31. So, in order to get out of her agreement, she accepted a different request from a museum in Sevilla and agreed to lend it the jaguars instead. After that Yax-Balam was stolen en route to Sevilla and Nayeli was accused of the theft.

Etapa 8A: Otavalo, Ecuador

In her shop in the Otavalo marketplace, Zulaya talks with Mario, who works for an organization that recovers archeological artifacts. She tells him that she has Yax-Balam in her hands and intends to return it to Mexico. She confides that she has several ideas about how to do this. Mario says that his organization trusts her and that returning Yax-Balam to Mexico will be one of the most important missions in the organization's history. In another part of the marketplace, Felipe notices that Adriana is not feeling well. An Otavalan passerby says that it is probably altitude sickness and offers to take Adriana to see his friend doña Remedios, who is a **curandera**. At doña Remedios's house, Adriana describes her symptoms and doña Remedios advises her that her intellect and her heart are at war with each other. She tells Adriana that the jaguar cannot be found in her mind but in the dawn, and that Adriana must focus on her environment and on nature. She repeats that the jaguar can be found in the dawn, because it always awakens at dawn. Meanwhile, back at the Otavalo marketplace, Sunglasses searches for Zulaya and is finally directed to her store.

Etapa 8B: Otavalo, Ecuador

Adriana and Felipe return to the marketplace and see a tapestry depicting the dawn outside of Zulaya's store. They enter and Adriana notices that Zulaya is reading Nayeli's book. They strike up a conversation and Adriana tells Zulaya that Nayeli is her professor and recounts briefly their mission of finding Yax-Balam and reuniting the jaguar twins before August 31. Suddenly Felipe tells Adriana that they have to go, because he has seen Sunglasses. Zulaya had prepared two bags, one with Yax-Balam in it and another made to look like it, but containing a decoy. At this point she hands the bag with the jaguar to Adriana. Felipe and Adriana, not knowing what is inside the bag, leave the store hurriedly, just before Sunglasses enters. Zulaya greets Sunglasses and asks her if she is the messenger for Sr. de Landa Chávez. When she replies that she is, Zulaya tells her that she has a package for her. Sunglasses takes the package and Zulaya tells her to be careful because she suspects the authorities are watching them. Meanwhile, in another part of Otavalo, just outside the city, Adriana and Felipe discover that they have Yax-Balam and that with his protection, their luck has changed. In the meantime, Sunglasses discovers that she has been tricked and swears that she will ultimately prevail.

Etapa 9A: Orosi, Costa Rica; areas outside of San José, Costa Rica; México, D.F., México; Otavalo, Ecuador

Moving to Costa Rica, we see Nayeli's meeting with doña Carmen, her godmother, as she arrives at doña Carmen's ranch. Nayeli wants to tell doña Carmen the story of the missing jaguar. She suspects that Armando de Landa, a fellow student with her at UNAM during her college days, stole the jaguar and placed the blame on Nayeli. She has discovered that Armando was the one who sent Adriana and Felipe to look for her in Spain and Puerto Rico. Doña Carmen defends Armando and says that Nayeli is imagining things. She advises her to rest and says that later Nayeli will see things more clearly. Back in Otavalo, Zulaya receives a phone call from Armando, who asks if she received the package from Sevilla. Zulaya informs him that she no longer has it and that she gave it to his representative. Armando, upset, replies that her orders were to wait for his call, while Zulaya calmly responds that she assumed that the orders had changed. She describes Sunglasses to Armando and tells him that she received the package. Angrily, Armando tells Zulaya that Sunglasses is a thief and that Zulaya has become her accomplice. Zulaya replies that Armando himself is the thief and that she has met her obligation to return the jaguar to Mexico.

Meanwhile, Adriana and Felipe are en route to doña Carmen's house with Yax-Balam. Upon their arrival, they greet Nayeli warmly and meet doña Carmen. As they talk, some painters arrive to cover the furniture. Doña Carmen explains that she had arranged to have the inside of the house painted before she knew they would be coming. Inside, Adriana gives Yax-Balam to Nayeli, and the jaguar twins are reunited, although not yet in Mexico. A gardener hands Nayeli a yellow rose. Doña Carmen wonders what it means, and Nayeli says she has no idea.

Etapa 9B: Orosi, Costa Rica

Adriana and Felipe take a stroll through a park near doña Carmen's ranch and marvel at the flora and fauna. Adriana confides in Felipe that her intuition tells her not to trust doña Carmen. Felipe tells her that she's tired and that it may just be her nerves. Adriana insists that she is right and that she wants to talk to Nayeli and share her doubts. Meanwhile, the painters whisper among themselves suspiciously. Later, Adriana shares her concerns about doña Carmen with Nayeli, who rejects them immediately. They argue and Nayeli becomes angry, while Adriana begs her forgiveness. At dinner, everyone is enjoying the food, while Adriana peppers the conversation with references to stolen pre-Columbian artifacts. Felipe tries to change the subject when suddenly the lights go out.

Etapa 10A: Orosi, Costa Rica

In the darkness, Adriana, Felipe, and Nayeli try to figure out what's going on when they notice that doña Carmen isn't in the room. Nayeli thinks that doña Carmen has left to investigate the cause of the power outage. Adriana is more suspicious. In the meantime we see Sunglasses running away from doña Carmen's house into the darkness. Doña Carmen returns to the room and says that she was checking the generator but couldn't identify the cause of the problem. Adriana expresses her concerns about the jaguars and doña Carmen agrees that they must check to make sure they are still there. Upon entering the room where they were located, they discover that they are missing. Although everyone is upset, doña Carmen calms them by saying that she has video cameras. Adriana reminds her that the video cameras won't function without electricity.

Etapa 10B: Orosi, Costa Rica

Adriana, Felipe, Nayeli, and doña Carmen try to figure out what has happened to the jaguar twins. Adriana finds it suspicious that the lights went out while they were eating. Nayeli defends doña Carmen, and doña Carmen decides to talk to the neighbors and the painters to see if they've seen anything. Adriana wants to call the police immediately, but doña Carmen prefers not to and leaves to talk with the neighbors. While doña Carmen is away, her answering machine picks up a call from Armando, which Nayeli, Felipe, and Adriana overhear. He tells her that his employee, Mariluz Gorrostiaga, has left their team and decided to go out on her own. She has stolen the twins from them and is en route to San Antonio, Texas. Adriana immediately figures out that Mariluz is Sunglasses, and Nayeli realizes that doña Carmen and Armando have been working together all along. She is totally disillusioned by the betrayal of doña Carmen and asks Adriana for her forgiveness. All three agree that time is of the essence, and they decide that Adriana and Felipe will go to San Antonio to look for Sunglasses while Nayeli goes to Mexico to look for Armando.

   After they leave in a rush, doña Carmen returns to find the house empty and listens to Armando's message. She calls him and tells him that she thinks that Adriana, Felipe, and Nayeli overheard his message. Armando tells her they must go to San Antonio after Mariluz, and doña Carmen asks why Mariluz has the jaguars. Armando replies that she has betrayed them, and then doña Carmen accuses Armando of having planned to betray her as well. He denies it, but she counters by asking why Mariluz has the artifacts and they don't. Armando tells her he will fix everything, but she tells him she has no confidence in him and is going to look for a more competent accomplice.

Etapa 11A: San Antonio, Texas

At Adriana's apartment in San Antonio, Adriana and Felipe begin their search for the jaguar twins by calling antique dealers to see if they have seen Sunglasses. In the meantime, Sunglasses is, in fact, at an antique dealer's shop in San Antonio, where she is trying to sell the jaguar twins. The dealer says that he has a client who may be interested and gives her his phone number and address. After Sunglasses leaves the store, the antique dealer calls someone named Raúl and tells him that their advertisement in the newspaper paid off, that Sunglasses fell into the trap, and that she will be in touch with him. Back in Adriana's apartment, she and Felipe see the same newspaper ad, and Adriana decides to go to the antique dealer's immediately to see what she can find out. She arrives at his shop and asks if someone has tried to sell him a pair of Mayan artifacts, the jaguar twins that were stolen from Pacal's tomb. The dealer gives her the phone number of Sr. Guzmán Suárez, someone who is in charge of recovering lost artifacts and is posing as an art collector, but is actually an agent of the Mexican authorities. The dealer adds that Sunglasses was in the store only a short while ago, but that Adriana shouldn't worry since Sr. Guzmán has everything under control.

Etapa 11B: San Antonio, Texas

Adriana meets Sr. Raúl Guzmán Suárez on the Riverwalk in San Antonio. Shortly after they meet, she realizes that he is the mysterious man with the strange ring who pursued her in Sevilla and Puerto Rico. He explains that he is a friend of Nayeli's and that they have been working together the entire time. A while ago Nayeli established an organization called I.L.E.Y.A.N., whose mission is to recover illegally obtained Mayan artifacts, and Raúl is the director of the organization. He shows her Nayeli's note (the one that Adriana decoded and that Esperanza gave to Raúl) as proof of his authenticity. He tells her that he has arranged to meet Sunglasses in the Las Canarias restaurant at four o'clock. He asks Adriana to call Felipe and tell him to meet them immediately and says that they will wear microphones to stay in touch when he meets Sunglasses. Raúl says they cannot involve the police, who still think that Nayeli is guilty of the theft. Later they communicate via microphones as Sunglasses approaches. When Raúl confronts her, she tries to run, but Felipe blocks her escape. Sunglasses tries to bribe her way out of her dilemma, but Raúl refuses.

Etapa 12A: San Antonio, Texas; San Juan, Puerto Rico; Quito, Ecuador; México, D.F., México; San José, Costa Rica

At the Riverwalk, Raúl leads Sunglasses to a car that will transport her to the police station. Meanwhile, her accomplices in various parts of the Spanish-speaking world are being arrested. In San Juan, the cousins are taken to the police station, where Luis wonders if there will be computers in jail. In Quito, Sunglasses's assistant Miguel is being pushed into a police car. In a Mexico City police station,

Armando protests his innocence. When that doesn't work, he tries to bribe the officer to release him, but to no avail. In a San José police station, a bewildered police officer can't believe that such an outstanding citizen as doña Carmen is guilty of the crimes of which she is accused. She tells him that she is positive she will be cleared of any wrongdoing and that she has the best lawyer in the country. The painters, who are also under arrest, doubt that their chances for release will be as good. Finally, in San Antonio, Felipe and Adriana congratulate each other on a job well done, and Adriana presents Felipe with a gift of chocolate, something which was greatly valued by the Mayans.

Etapa 12B: Plaza del Templo Mayor, México, D.F., México; Puebla, México

A government official honors Nayeli and thanks her, Adriana, and Felipe on behalf of the Mexican government. Adriana summarizes briefly what occurred: Nayeli was accused of the theft but in reality Armando was the criminal. It was his plan to steal Yax-Balam en route from Mexico to Sevilla. Since Nayeli was the last person to see the artifact before it disappeared, it was easy for Armando to place the blame on her. Nayeli adds that what is important is that the twins were reunited in Pacal's tomb on August 31 and that Mexico has been saved from future catastrophes. A reporter pulls Nayeli, Adriana, and Felipe aside for an interview. She says that it seems strange to her that the jaguar twins were discovered in two different countries five years apart. Nayeli replies that it was all part of the Mayan cycle of life and that their reunion had been predicted. Adriana and Felipe, left on their own, wonder what happens next. Nayeli, at the I.L.E.Y.A.N. offices, accepts a white rose from Raúl. She says that she knows that a red rose means danger, and a yellow one means that all is well, but asks what a white rose means. Raúl replies that it is the symbol of her sincerity. Nayeli wonders what lies in store for them. Raúl tells her that he already has another project in mind for them, and they happily begin making their plans.